十三届全国人大二次会议《政府工作报告》学习辅导

坚决打好精准脱贫攻坚战

郭　玮　著

中国言实出版社

图书在版编目（CIP）数据

坚决打好精准脱贫攻坚战 / 郭玮著 . -- 北京：中国言实出版社 , 2019.3

ISBN 978-7-5171-3110-6

Ⅰ . ①坚… Ⅱ . ①郭… Ⅲ . ①扶贫—研究—中国Ⅳ . ① F126

中国版本图书馆 CIP 数据核字（2019）第 054464 号

出 版 人：王昕朋
总 监 制：朱艳华
责任编辑：胡　明

出版发行　中国言实出版社

　　地　　址：北京市朝阳区北苑路 180 号加利大厦 5 号楼 105 室
　　邮　　编：100101
　　编辑部：北京市海淀区北太平庄路甲 1 号
　　邮　　编：100088
　　电　　话：64924853（总编室）　64924716（发行部）
　　网　　址：www.zgyscbs.cn
　　E-mail：zgyscbs@263.net

经　　销　新华书店
印　　刷　北京温林源印刷有限公司
版　　次　2019 年 3 月第 1 版　　2019 年 3 月第 1 次印刷
规　　格　850 毫米 ×1168 毫米　1/32　0.625 印张
字　　数　12 千字
定　　价　6.00 元　　ISBN 978-7-5171-3110-6

坚决打好精准脱贫攻坚战

脱贫攻坚是全面建成小康社会必须坚决打好的三大攻坚战之一。2019年是全面建成小康社会关键之年，也是实现脱贫攻坚目标的关键一年。李克强总理在十三届全国人大二次会议上所作的《政府工作报告》对打好脱贫攻坚战作出重要部署，明确提出了2019年的减贫目标，要求对标全面建成小康社会任务，扎实推进脱贫攻坚。我们必须全面贯彻落实。

一、坚持脱贫攻坚目标标准不动摇

做好脱贫攻坚工作，要深入贯彻习近平新时代中国特色社会主义思想和党的十九大精神，认真学习领会习近平总书记关于扶贫工作的重要论述，全面贯彻党中央决策部署，加大工作力度，确保脱贫攻坚任务如期完成。近几年我国脱贫攻坚取得决定性进展，但今后两年的任务仍然艰巨繁重，剩下的都是贫中之贫、困中之困，都是难啃的硬骨头。脱贫攻坚越到紧要关头，越要坚定必胜的信心，越要有一鼓作气的决心，尽锐出战、迎难而上，真抓实干、精准施策，提高实效。

要牢牢把握脱贫攻坚正确方向。坚持现有目标标准不动摇，锁定现有建档立卡贫困户，确保焦点不散、靶心不变，聚力解决绝对贫困问题。《中共中央国务院关于打赢脱贫攻坚战的决定》提出的目标任务十分明确，就是要确保到 2020 年现行标准下农村贫困人口全部脱贫，消除绝对贫困；确保贫困县全部摘帽，解决区域性整体贫困。2018 年我国脱贫攻坚取得显著成绩，年末农村贫困人口 1660 万人，比上年末减少 1386 万人，贫困发生率 1.7%，比上年下降 1.4 个百分点。为确保实现 2020 年脱贫目标，2019 年必须进一步加大扶贫力度，再减贫 1000 万人以上。

完成脱贫目标任务要坚持现行标准。这就是要稳定实现贫困人口"两不愁、三保障"，贫困地区基本公共服务领域主要指标接近全国平均水平。现行扶贫标准符合国情和发展阶段，是科学合理的，攻坚期内必须坚持现行标准不动摇。要坚持"两不愁、三保障"，既不盲目提高标准、吊高胃口，也不降低标准、影响质量；要坚持到 2020 年的时限要求，不搞层层加码，不提不切实际的脱贫摘帽时间表，确保贫困人口科学合理、扎实有序退出。提高贫困地区的发展水平和群众的生活水平是扶贫的目的，但如果盲目提高标准，脱离了社会主义初级阶段条件，不但增加攻坚难度、加重财政负担，而且对贫困户可能是"福利陷阱"，对其他农户可能加剧"悬崖效应"，还可能扰乱社会秩序、破坏社会规则。过高的标准兑现不了，还会损害党和政府公信力。随意搭车，过度承诺，既不符合现阶段实际，也容易影响脱贫攻坚全局。要坚决反对擅自拔高或降低目标标准，反对急躁蛮干、消极拖延，反对数字脱贫、虚假脱贫。要着力提高脱贫质量，做到脱真贫、真脱贫。

二、聚焦深度贫困地区攻坚

经过几年努力，全国面上的脱贫已取得重大决定性成就，但一些深度贫困地区的脱贫难度还比较大。西藏、四省藏区、南疆四地州和四川凉山州、云南怒江州、甘肃临夏州这"三区三州"，以及其他地区贫困发生率高的一些贫困县和贫困村，自然条件差、经济基础弱、贫困程度深，是难中之难，脱贫攻坚的艰巨性、重要性、紧迫性非同寻常。

目前"三区三州"还有贫困人口 172 万，占全国总数的 12.5%。"三区三州"自然条件恶劣，生态环境脆弱，自然灾害频发，地理位置偏远，基础设施落后，生存条件差。西藏和四省藏区位于青藏高原及其边缘地带，高寒缺氧、气候恶劣。南疆四地州和甘肃临夏州地处西北干旱地带，大漠荒原、极度缺水。四川凉山州和云南怒江州位于横断山脉，山高、谷深、水急、平地少。这些地区远离区域经济中心，处于整个经济链条末端，许多地区长期封闭，远离现代文明，是全国脱贫攻坚最短的短板、最硬的硬仗。"三区三州"之外，在中西部地区还有 169 个深度贫困县。根据建档立卡数据，截至 2018 年底，这 169 个县还有贫困人口 462 万，平均贫困发生率 7.2%。这些深度贫困县自然条件差、地理位置偏远，实现脱贫任务重，同样是全国脱贫攻坚的"坚中之坚"。

攻克深度贫困堡垒，要把扶贫工作重心、政策支持重心、社会帮扶重心进一步向深度贫困地区聚焦，把脱贫攻坚资金、重大工程项目、扶贫政策举措进一步向深度贫困地区倾斜。要针对制约深度贫困地区脱贫的重点难点问题，列出清单，逐项明确责任，加大攻坚力度，确保如期完成脱贫目标任务。

三、解决好影响"两不愁、三保障"的突出问题

《中共中央国务院关于打赢脱贫攻坚战三年行动的指导意见》明确提出，严格按照"两不愁、三保障"要求，确保贫困人口不愁吃、不愁穿；保障贫困家庭孩子接受九年义务教育，确保有学上、上得起学；保障贫困人口基本医疗需求，确保大病和慢性病得到有效救治和保障；保障贫困人口基本居住条件，确保住上安全住房。李克强总理在《政府工作报告》中也明确指出，重点解决好实现"两不愁、三保障"面临的突出问题。

从贫困地区的目前情况看，"两不愁"方面，农村贫困人口收入达到国家标准基本没有问题，目前主要问题在于饮水安全，有关部门摸底，还有300多万建档立卡贫困人口饮水安全问题没有解决。"三保障"的义务教育保障方面，全国还有几十万义务教育阶段孩子辍学，主要发生在民族地区的贫困家庭。基本医疗保障方面，仍有少量贫困群众没有参加基本医疗保险、大病保险和医疗救助，还有一些贫困村虽然有了卫生室，但没有合格医生。安全住房保障方面，贫困地区还有上百万农户住房不安全。这些都是直接影响贫困人口脱贫的问题。

为此，必须加大这些薄弱环节的工作力度。要加快推进贫困地区农村饮水安全巩固提升工程，确保所有贫困人口饮水安全。进一步加大控辍保学力度，推进贫困地区乡镇寄宿制学校和乡村小规模学校建设，确保贫困家庭子女完成义务教育。要强化基本医疗保险、大病保险、医疗救助等多重保障，加强乡镇卫生院、村卫生室建设，配备合格医生，让贫困人口有地方看病，小病、常见病、慢性病能看得起，得大病重病也能确保全家吃穿有保障。要因地制宜确定危房认定标准，加强危房改造资金保障，让贫困户都能住上安全房。解决好这些问题，需要按照省负总责、市县抓落实的工作机制明确责任与任务，与此同时，水利、教育、卫健、医保、住建等职能部门要切实负起督促指导责任，加大资金、项目向重点地区倾斜力度。

四、深入推进产业扶贫

　　产业扶贫是脱贫攻坚的重要途径，是增强贫困地区和贫困群众自我发展能力的重要举措，也是中国特色扶贫开发模式的重要特征。这几年，各地各部门认真落实党中央决策部署，产业扶贫取得积极成效。但与脱贫攻坚的要求相比，与贫困地区农民群众的期待相比，产业扶贫的进展还不如人意。一些地方还存在规划不科学、帮扶不精准、贫困群众受益少、项目资金管理不规范等问题。

要发展贫困地区特色产业，推进本地资源优势与市场需求紧密对接。不同地区有不同的自然条件和发展基础，这是进行产业定位的主要依据。发展地方特色产业，首先需要进行科学扎实的调查研究，充分了解本地的比较优势，找到适合本地实际、有发展潜力和市场前景的产业。特色产业该如何发展，是发展林业、畜牧业还是发展养殖业，当地群众最有发言权。要紧扣市场做文章，立足当前、放眼长远，统筹考虑国内外市场供求关系，按照农业供给侧结构性改革要求，生产适销对路的产品。一些地方不注重研究市场状况，发展产业一厢情愿、盲目跟风，同质化现象严重，搞种植业就是种核桃、猕猴桃，搞养殖业就是养扶贫鸡、扶贫羊，结果价格下行，影响扶贫效果。

要厘清产业扶贫中政府与市场的边界。政府对扶贫产业给予支持是必要的，但发展什么产业要让市场说了算，政府不能简单地下行政命令，代农民做主，替市场决策。政府的支持重在引导和服务，帮助解决产业扶贫关键环节上的困难和问题。要深入实施贫困地区特色产业提升工程，因地制宜加快发展对贫困户增收带动作用明显的种植养殖业、林草业、农产品加工业、特色手工业、休闲农业和乡村旅游，积极培育和推广有市场、有品牌、有效益的特色产品。将贫困地区特色农业项目优先列入优势特色农业提质增效行动计划，加大扶持力度，建设一批特色种植养殖基地和良种繁育基地。支持有条件的贫困县创办一二三产业融合发展扶贫产业园。组织国家级龙头企业与贫困县合作创建绿色食品、有机农产品原料标准化基地。实施中药材产业扶贫行动计划，鼓励中医药企业到贫困地区建设中药材基地。多渠道拓宽农产品营销渠道，推动批发市场、电商企业、大型超市等市场主体与贫困村建立长期稳定的产销关系，支持供销、邮政及各类企业把服务网点延伸到贫困村，推广以购代捐的扶贫模式，组织开展贫困地区农产品定向直供直销学校、医院、机关食堂和交易市场活动。加快推进"快递下乡"工程，完善贫困地区农村物流配送体系，加强特色优势农产品生产基地冷链设施建设。推动邮政与快递、交通运输企业在农村地区扩展合作范围、合作领域和服务内容。

要完善新型农业经营主体与贫困户联动发展的利益联结机制。推广股份合作、订单帮扶、生产托管等有效做法，实现贫困户与现代农业发展有机衔接。加强对贫困户产业发展指导，帮助贫困户协调解决生产经营中的问题。鼓励各地通过政府购买服务方式向贫困户提供便利高效的农业社会化服务。实施电商扶贫，优先在贫困县建设农村电子商务服务站点。继续实施电子商务进农村综合示范项目。动员大型电商企业和电商强县对口帮扶贫困县，推进电商扶贫网络频道建设。积极推动贫困地区农村资源变资产、资金变股金、农民变股东改革，制定实施贫困地区集体经济薄弱村发展提升计划，通过盘活集体资源、入股或参股、量化资产收益等渠道增加集体经济收入。支持贫困县整合财政涉农资金发展特色产业。鼓励地方从实际出发利用扶贫资金发展短期难见效、未来能够持续发挥效益的产业。规范和推动资产收益扶贫工作，确保贫困户获得稳定收益。大力发展县域经济和农产品加工业，提升贫困地区产业链和价值链，把更多产业增值收益留在贫困乡村，鼓励贫困户以劳动力、土地等多种形式参与产业发展，更好带动贫困群众增收脱贫。

要重视解决好产业发展中人的问题。产业扶贫说到底要靠人来干。现在的贫困人口，多数教育水平低，缺文化知识、缺劳动技能、缺经营头脑，这是脱贫致富的根本制约。如果没有有能力的人来干，产业扶贫就很难搞起来。因此，产业扶贫首先要找能人、招能人、用好能人，要重视从外部选派技术、经营人才，也要重视用好当地企业人才、乡土人才，更要重视引导本地外出人才的回流。从几个方面汇聚能人，就能够形成贫困地区产业发展的人才支撑。近两年，一批机关单位、企业、社会组织的扶贫干部和帮扶人员在产业扶贫中已经发挥了重要作用，贫困地区的能人、大户等的带动作用也日益显现。还有一些地方，引导本地在外的企业家、技术人员、大学生等回乡创业，这些人才既了解本地优势，又知晓外面的世界，在产业扶贫中具有独特的优势。当然，产业扶贫光靠能人是不够的。如果不提高贫困人口自身发展能力，其脱贫效果也很难持续。因此，要加强贫困人口经营能力、劳动技能等的培训。对于可以由一家一户承担的产业扶贫项目，要调动贫困户积极性主动性，加大资金扶持、信贷支持，加强技术指导和信息服务，帮助贫困户直接参与，在实践中锻炼提高。对于不适宜一家一户干的，或者贫困户自己不能干的产业项目，要引导经济实体或能人大户，组织带动贫困户一起干，让贫困人口学习技术、了解市场，逐步摆脱"能力贫困"。把

"人"这个基本问题解决好了，产业扶贫才有生命力，脱贫才可持续。

五、强化易地扶贫搬迁人口的脱贫措施

易地扶贫搬迁是打赢脱贫攻坚战投入资金最多、难度最大的战役之一。党的十八大以来，各地区、各有关部门认真贯彻党中央、国务院决策部署，坚持精准扶贫精准脱贫基本方略，下大力气推进易地扶贫搬迁，可以说，易地扶贫搬迁取得了决定性进展。目前，全国还剩100余万贫困人口需要搬迁，易地扶贫搬迁到了决战决胜的时候，必须毫不动摇地按照既定部署安排来狠抓落实，坚定不移往前推进。

实施易地扶贫搬迁，要坚持既定政策和工作部署不动摇，对已经纳入易地扶贫搬迁计划的建档立卡贫困人口，确保如期实现应搬尽搬，不漏一人。要严守住房面积红线，守住搬迁不举债的底线，既要合理引导搬迁群众适当自筹，增强其主体责任意识和光荣脱贫意识，又要综合考虑到贫困户自筹能力有限，坚决避免因搬迁产生大额负债，影响脱贫进程。要特别重视把好安置工程质量关，始终把质量作为易地扶贫搬迁工程建设的"生命线"，加强监管，规范程序，全面落实工程质量管理责任。积极推进旧房拆除和宅基地复垦复绿，按照"宜耕则耕、

宜林则林、宜草则草"的原则，因地制宜实施复垦。加快搬迁群众拆旧复垦后的土地确权颁证，切实维护好搬迁群众土地合法权益。要充分尊重老年人等特殊群体的意愿，考虑他们旧宅难舍、故土难离的感受，适当延长过渡期，不搞一刀切的强搬强拆。

实施易地扶贫搬迁，要强化后续帮扶措施。这是在易地扶贫搬迁最后攻坚阶段必须要着重考虑和解决好的问题，要多措并举、整体谋划，促进搬迁群众就业有门路、增收有来源，实现稳定增收、稳定脱贫。要统筹做好劳务输出、技能培训、公益岗位设立等保障工作。要高度重视并着力解决特殊困难群众过渡期生计问题，通过生活补助、临时救助等方式，使有部分劳动能力的老年人、妇女和残疾人等弱势群体生活有保障，帮助他们平稳度过适应期。要重视完善搬迁配套服务，确保基础设施和公共服务设施、社区组织管理与搬迁安置同步推进、一体部署，帮助搬迁群众更好地适应新的生产生活方式。充分利用安置点周边既有的城镇基础设施，集中资源搞好安置区内水、电、路、讯等基础设施建设，着力改善搬迁社区生产生活条件。要完善公共服务配套，与周边居民一视同仁，教育、医疗、社保等公共服务都由相关部门和乡镇、社区统一安排，统筹提供相关服务保障。要逐步促进社会融入，促进搬迁户逐步融入新社区。

六、动员全社会力量参与脱贫攻坚

要加大东西部扶贫协作力度。东西部扶贫协作要取得实效，关键是做好"优势互补"这篇文章，切实做到取长补短，以先发优势促后发效应，以外部带动促内生动力，实现互利共赢。协作双方要认真总结扶贫协作经验，共同研究与扶贫有关的产业、资源、人才、资金、技术、市场等领域情况，找到互补点，拓宽合作面，增强帮扶针对性。衡量东西部扶贫协作是否上水平，根本上要看是否增强了西部地区的自我发展能力。东部地区要充分利用自身技术、产业、资本、市场等优势，积极推进适宜产业向西部梯次转移，要组织企业到西部投资开发优势资源，形成西部发展的特色产业。要动员民营企业参与"万企帮万村"精准扶贫行动，鼓励企业到西部建设产业园区和"扶贫车间"等，吸纳贫困人口就近就地就业。要把人才支持、市场对接、劳务协作、资金支持等作为协作重点，深化东西部扶贫协作，推进携手奔小康行动贫困县全覆盖，并向贫困村延伸。要强化产业帮扶，鼓励合作建设承接产业转移的基地，引导企业精准结对帮扶。要加强劳务协作,有组织地开展人岗对接,提高协作规模和质量。加大人才支援,加大力度推进干部双向挂职、人才双向交流,提高干部人才支持和培训培养精准性。要增加资金支持,切实加强资金监管,确保东西部扶贫协作资金精准使用。西部地区要牢固树立开放意识、市场意识,主动与东部省市加强产业对接,以推进东西部扶贫协作为契机,全面加大对内对外开放力度,加快转变政府职能,提升政府服务效能,努力营造良好的营商环境,不断提高经济社会发展水平。

要继续深入开展定点扶贫工作。中央单位开展好定点扶贫工作,联系到县、帮扶到村到户,不仅有利于把党和国家脱贫攻坚的方针政策加快落实到基层,把党和国家的温暖直接送到贫困群众身上,而且对地方和全社会扶贫都具有重要的示范引领作用。要进一步明确定点扶贫工作责任,明确工作目标、硬性任务指标、具体工作要求。加强对定点扶贫县脱贫攻坚工作指导,督促落实脱贫主体责任,发挥优势帮助定点扶贫县理出一条好的发展思路,引导带动贫困地区高质量发展,提高自我发展能力。把定点扶贫县作为转变作风、调查研究的基地,通过解剖麻雀,总结定点扶贫县脱贫经验,完善本部门扶贫政策，推动脱贫攻坚工作。选派优秀中青年干部、后备干部到贫困地区挂职，落实艰苦地区挂职干部生活补助政策。

要激励各类企业、社会组织扶贫。落实国有企业精准扶贫责任，通过发展产业、对接市场、安置就业等多种方式帮助贫困户脱贫。引导民营企业积极开展产业扶贫、就业扶贫、公益扶贫，鼓励有条件的大型民营企业通过设立扶贫产业投资基金等方式参与脱贫攻坚。持续开展"光彩行"活动，提高精准扶贫成效。支持社会组织参与脱贫攻坚，加快建立社会组织帮扶项目与贫困地区需求信息对接机制，确保贫困人口发展需求与社会帮扶有效对接。鼓励引导社会各界使用贫困地区产品和服务，推动贫困地区和贫困户融入大市场。加强对社会组织扶贫的引导和管理，优化环境、整合力量、创新方式，提高扶贫效能。落实社会扶贫资金所得税税前扣除政策。动员组织各类志愿服务团队、社会各界爱心人士开展扶贫志愿服务。实施社会工作专业人才服务贫困地区系列行动计划，支持引导专业社会工作和志愿服务力量积极参与精准扶贫。实施社会工作"专业人才服务三区计划""服务机构牵手计划""教育对口扶贫计划"，为贫困人口提供生计发展、能力提升、心理支持等专业服务。

七、完善脱贫攻坚工作机制

脱贫攻坚越到最后时刻越要响鼓重锤，决不能搞急功近利、虚假政绩的东西。要落实责任不松劲，强化中央统筹、省负总责、市县抓落实的工作机制。中央统筹，重在做好顶层设计，在政策、资金等方面为地方创造条件，加强脱贫效果监管；省负总责，重在把党中央大政方针转化为实施方案，加强指导和督导，促进工作落实；市县抓落实，重在从当地实际出发推动脱贫攻坚各项政策措施落地生根。各级党委和政府要把打赢脱贫攻坚战作为重大政治任务，增强政治担当、责任担当和行动自觉，层层传导压力，加大问责问效力度。党中央、国务院各相关部门单位要按照中央脱贫攻坚系列重大决策部署要求制定完善配套政策举措，实化细化三年行动方案，并抓好组织实施工作。要建强贫困村党组织，深入推进抓党建促脱贫攻坚，全面强化贫困地区农村基层党组织领导核心地位，切实提升贫困村党组织的组织力。对基层扶贫干部，要倍加关心爱护，坚持严管与厚爱相结合，及时帮助解决工作生活中的实际困难，不以简单问责代替问题整改。要培养锻炼过硬的脱贫攻坚干部队伍，落实保障支持措施，加强对脱贫一线干部的关爱激励，激励干部人在心在、履职尽责。

要完善脱贫攻坚考核监督评估机制。从实际出发做好扶贫考核评估工作，充分体现省负总责原则，切实解决基层疲于迎评迎检问题。改进对省级党委和政府扶贫开发工作成效第三方评估方式，缩小范围，简化程序，精简内容，提高考核评估质量和水平。改进省市两级对县及县以下扶贫工作考核，减少考核次数，减轻基层负担，注重发挥考核的正向激励作用。完善监督机制，重视用好中央脱贫攻坚专项巡视成果，国务院扶贫开发领导小组每年组织脱贫攻坚督查巡查，纪检监察机关和审计、扶贫等部门按照职能开展监督工作。充分发挥人大、政协、民主党派监督作用。继续开展扶贫领域腐败和作风问题专项治理，集中力量解决扶贫领域"四个意识"不强、责任落实不到位、工作措施不精准、资金管理使用不规范、工作作风不扎实、考核评估不严不实等突出问题，确保取得明显成效。坚决纠正脱贫攻坚工作中的形式主义、官僚主义。

要激发贫困群众内生动力。贫困群众是帮扶对象，更是脱贫攻坚的主体，如果不能激发贫困群众的内生动力，各项帮扶措施最终都有落空的可能。

必须坚持扶贫与扶志扶智相结合，坚决防止包办代替、越俎代庖甚至强迫命令，坚决防止政策"养懒汉"、助长"不劳而获""等靠要"等不良习气。政策设计要激励和约束并重，采取以奖代补、事后奖补等方式，促进贫困群众更多参与脱贫攻坚。要加强教育引导，发挥村规民约作用，改变陈规陋习，大力宣传自强不息、自力更生的脱贫典型，引导贫困群众向身边人身边事学习，激发脱贫致富奔小康的热情和信心。